ÄLTER KANN MAN SPÄTER WERDEN

Stefanie Proske (Hg.)

Kaufmann Verlag

Ich habe

gute *Zeiten*

gehabt und beabsichtige,

noch bessere zu haben.

PRENTICE MULFORD

Eine 90-jährige Frau sagte zu der damals 96-jährigen Madame de Fontanelle: »Der liebe Gott hat uns vergessen.« »Psssst«, antwortete Madame de Fontanelle und legte einen Finger an den Mund.

NICOLAS CHAMFORT

Nicht das **ALTER** ist das Problem, sondern unsere *Einstellung* dazu.

CICERO

Das Leben geht mit uns wie mit Pflanzen um. Es macht uns durch kurze Fröste reifer.

JEAN PAUL

> DU KANNST DEIN LEBEN NICHT VERBREITERN UND VERLÄNGERN, NUR VERTIEFEN.
>
> — GORCH FOCK

Es schadet niemals, sich für alle
Lebensabschnitte ein Stück Jugend
zu bewahren, und es ist immer besser,
im Alter jugendfrisch zu sein, als
greisenhaft in jungen Tagen.

WILHELM HEINRICH RIEHL

Das Leben ist wie ein geschicktes Zahnausziehen. Man denkt immer, das Eigentliche sollte erst kommen, bis man plötzlich sieht, dass alles vorbei ist.

OTTO VON BISMARCK

Gedanken für die Nachwelt

Was wohl eines Tages auf meinem Grabstein stehen wird? Ich frage mich das, weil mein Sohn mich das fragte. Nick kam vorhin ins Büro und setzte sich neben mich. Das macht er manchmal. Er darf nicht stören, hält dies aber nie lange aus. Meistens hackt er nach ein paar Minuten angestrengten Schweigens auf die Tastatur und ruft: »Da muss noch ein ›k‹ hin.« Dann schmeiße ich ihn raus.
Diesmal störte er aber nicht. Er saß still da und wartete, bis ich einen Absatz fertig hatte. Dann fragte er: »Was soll auf deinen Grabstein?«
»Wie bitte?«
»Wenn du tot bist, müssen wir einen Grabstein kaufen und etwas draufschreiben. Was soll denn da stehen?« Ich fand gut, dass der Junge perspektivisch denkt. In der Regel fragt er aber, ob er mein Auto haben kann, wenn ich tot bin. Ich dachte einen Moment nach und sagte: »Es wäre hilfreich, wenn mein Name draufstünde.«
»Okay«, sagte er. Ich fragte ihn, wie er auf dieses Thema gekommen sei, und er erzählte, dass sie in der Schule über Beerdigungen gesprochen hätten und darüber, dass jeder Grabstein anders sei und

etwas über den Verstorbenen verriete. Häufig stünde deshalb ein Satz auf dem Grabstein, und da habe er sich gefragt, was er für mich draufschreiben solle.

»Ich denke darüber nach und sage dir rechtzeitig Bescheid«, sagte ich. Dann hackte er ein »p« in die Tastatur und ich warf ihn raus.

Doch der Gedanke ließ mich nicht mehr los. Eigentlich kann es mir ja egal sein, was da steht, aber es wäre nett, wenn meine Nachkommen keinen Blödsinn machten. Zu düster soll es sich aber auch nicht lesen. »Ende des Lebens, alles vergebens« oder »Der Tod ist schwer, das Leben ist schwerer« sind schreckliche Sätze. Etwas lebensbejahender darf es meinetwegen schon sein. (...) Was wird also später auf meinem Grabstein stehen? Wenn es danach geht, mit welchen typischen Worten ich meiner Familie ewig in Erinnerung bleibe, kann es nur einen Satz geben, der einem Grabstein auch eine ganz pikante Note verleihen würde:

»Jetzt mach doch mal endlich einer die Tür zu, Himmelarsch!«

JAN WEILER

»Was machen Sie in Zukunft?«, hat einmal ein junger Reporter den alten Eisenhower gefragt, als er in Pension ging. Darauf Eisenhower: »Ach, junger Mann, nur keine Hektik! Ich werde erst einmal einen Schaukelstuhl auf die Veranda stellen. Darin werde ich sechs Monate lang ruhig sitzen. Und dann werde ich ganz langsam anfangen zu schaukeln.«

DIE ZUKUNFT
IST AUCH NICHT MEHR DAS,
WAS SIE EINMAL WAR.

GRAFFITI

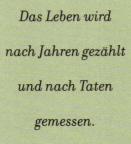

*Das Leben wird
nach Jahren gezählt
und nach Taten
gemessen.*

LAO TSE

Um den Wert eines **MONATS** zu verstehen, frage eine Mutter, deren Kind zu früh geboren wurde.
Um den Wert eines **TAGES** zu verstehen, frage jemanden, der noch einen Tag Urlaub hat.
Um den Wert einer **STUNDE** zu verstehen, frage zwei Frischverliebte, die darauf warten, sich treffen zu können.
Um den Wert einer **MINUTE** zu verstehen, frage einen, der gerade den Zug verpasst hat.
Um den Wert einer **SEKUNDE** zu verstehen, frage denjenigen, der knapp einem Verkehrsunfall entgangen ist.
Um den Wert einer **MILLISEKUNDE** zu verstehen, frage den 100-m-Läufer, der die Silbermedaille bekommen hat.

Achte auf jeden Augenblick!

UNBEKANNTER VERFASSER

Langweilige Kindheit

Allgemein wird behauptet, die Kindheit sei die schönste Zeit des Lebens. (…)
Das Schlimmste an der Kindheit ist aber: Es passiert überhaupt nichts. Der Alltag ist geregelt wie in einem Kloster oder in der Armee zu Friedenszeiten. Dabei halten viele Erwachsene die Kindheit für spannend. Aber Gott weiß, wie ich mich als Kind gelangweilt habe: um acht Uhr früh zur Schule gehen. Nach der Schule ein bisschen malen, dann Fernsehen gucken. Die verlorene Expedition wurde im Dritten mit Untertiteln für Taubstumme jeden Tag gezeigt, jahrelang um fünfzehn Uhr dreißig. Danach blätterte ich in meinem Lieblingsbuch, spielte mit der Katze, aß Abendbrot mit meinen Eltern, guckte noch einmal kurz fern, stellte die Zinnsoldaten unter dem Bett auf, schmuste mit der Katze und schlief ein. Nichts wünschte ich mir mehr, als dass diese blöde Kindheit endlich aufhören und das richtige Leben beginnen würde. Es sah aber nicht danach aus. Die Zeit schien stehen geblieben zu sein. Unendliche Sommer verwandelten sich in langweilige Winter, nichts bewegte sich. Manch-

mal überkam mich die Angst, ich würde für immer Kind bleiben, mit Katze, Schule, Eltern und Fernsehen.

Erst mit Beginn der Pubertät fing die Sache langsam an, sich zu entwickeln. Die Zahnräder der Zeit drehten sich ab da schneller und schneller. Ich nahm es zuerst mit Freuden zur Kenntnis, inzwischen wünsche ich es mir sogar ein wenig langsamer, aber es geht nicht.

So ungerecht vergeht das Leben, es kommt nie, wie man es sich wünscht. Aber was soll's, wir sind trotzdem zufrieden.

WLADIMIR KAMINER

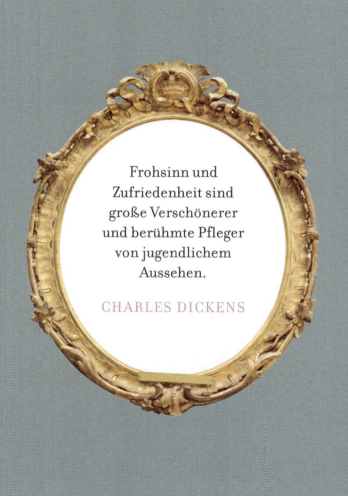

Frohsinn und Zufriedenheit sind große Verschönerer und berühmte Pfleger von jugendlichem Aussehen.

CHARLES DICKENS

Für den Uneingeweihten ist
das Alter der Winter,
für den Eingeweihten die Erntezeit
des Lebens.

JÜDISCHES SPRICHWORT

Jenseits

Ein Problem, das mich interessiert, ist das Jenseits, oder, besser gesagt, ein Weiterleben nach dem Tode. Gedanken für das Jenseits kann man natürlich nur im Diesseits haben. Im Jenseits über das Diesseits nachzudenken ist schon zweifelhaft – vielleicht ausgeschlossen. Wenn der Mensch gestorben ist, ist er tot – das ist sicher, also totsicher, wie man so sagt. Scheint es nur so, als wäre er tot, so ist er scheintot und kann in seltenen Fällen wieder lebendig werden und später noch mal sterben. Ist ein Mensch wirklich tot, so ist natürlich nur der Körper gemeint, denn die Seele lebt weiter – aber diese ist unsichtbar, das ist wissenschaftlich einwandfrei bewiesen, da bei Röntgenaufnahmen, die alle inneren Organe des menschlichen Körpers zeigen, noch nie die Seele sichtbar gewesen ist. Die Seele flieht also unsichtbar aus dem menschlichen Körper. Aber wohin? Das wird die Seele schon selbst wissen. Ins Jenseits – und da entweder

in den Himmel oder in die Hölle. Die Seele muss also allein wissen, wo sie hinfliegt. Nehmen wir zum Beispiel an, die Seele des verstorbenen braven Bäckermeisters Meier schwirrt ins Jenseits. Dem Herrn Meier ist seine liebe, unvergessliche Frau vor vielen Jahren im Tode schon vorausgegangen, befindet sich also im Jenseits. Im Diesseits heißt es aber wie bekannt: Im Jenseits gibt es ein Wiedersehen. Wie kann nun die im Jenseits angekommene unsichtbare Seele des verstorbenen Herrn Meier die ebenfalls unsichtbare Seele der schon im Jenseits umherfliegenden Frau wiedersehen? Nun, sei es, wie es sei. Diese beiden wollten sich ja wiedersehen. Wie ist es aber mit der Kehrseite? Hat einer eine böse Schwiegermutter, so ein Ehemann getraut sich ja gar nicht zu sterben, aus Angst vor einem Wiedersehen im Jenseits. Sein einziger Trost ist vielleicht der, dass die böse Schwiegermutter nicht in den Himmel kommt, sondern in die Hölle. (…)
Nun steht wieder eine Frage offen: Werden die Seelen – oder die Engel im Jenseits – auch äl-

ter, so wie dies im Diesseits der Fall ist? Wenn ja, dann muss also der erste Mensch, der selige Adam, der 7000 Jahre alt geworden ist, der erste Mensch gewesen sein, der im Paradies bei der Eröffnung des Jenseits Zutritt hatte. Der erste Mensch, der im Jenseits angekommen ist, kann aber der Adam doch nicht gewesen sein, da ihm seinerzeit der heilige Petrus mit dem Himmelsschlüssel die Pforte zum Jenseits geöffnet hat. Demzufolge muss der Petrus schon vor dem Adam im Jenseits gewesen sein. Er war sozusagen der himmlische Hausmeister, der heute noch auf seinem sicheren Posten steht und keinen hineinlässt, der im Diesseits böse war.

Und doch stimmt das auch nicht! Petrus lebte doch erst lange Zeit nach der Paradiesgeschichte als Apostel auf der Welt, wurde später heiliggesprochen, und nach seinem Tode kam er erst ins Jenseits. Der Adam kam also anscheinend ohne Kontrolle ins Jenseits, weil eben der Petrus noch gar nicht da war. Weiter nachgedacht, kann aber Petrus nicht als Seele allein die Welt verlassen haben, denn die

unsichtbare Seele kann doch keinen Schlüssel in die Hand nehmen, und wo kommt denn der Schlüssel her? Im Gegensatz zu allen anderen Jenseitsbewohnern, die müßig umherfliegen, wird dem Petrus als Einzigem nicht langweilig werden, denn viele Jahrtausende das Himmelstor auf- und zusperren ist ausreichende Beschäftigung. (…)
Aber warum sollen wir Menschen uns darüber den Kopf zerbrechen? Wir werden es niemals ergründen. (…)

KARL VALENTIN

GOLD
UND
LACHEN
KÖNNEN
DAS
ALTER
ZUR
JUGEND
MACHEN.

WEISHEIT AUS DEM TALMUD

Je mehr du getan, je mehr du gedacht hast, desto länger hast du gelebt.

IMMANUEL KANT

Die verschiedenen Altersstufen der Menschen halten einander für verschiedene Rassen. Alte haben gewöhnlich vergessen, dass sie jung gewesen sind, oder sie vergessen, dass sie alt sind, und Junge begreifen nie, dass sie alt werden können.

KURT TUCHOLSKY

Wenn man die *Kindheit* bei sich hat, wird man nie älter.

J. W. VON GOETHE

Werde, was du noch nicht bist,
bleibe, was du jetzt schon bist.
In diesem Bleiben und diesem Werden
liegt alles Schöne hier auf Erden.

FRANZ GRILLPARZER

Das *Leben* kann und soll im Alter immer schöner und *großartiger* werden, leichter aber wird es nicht.

CARL HILTY

> Ich hatte mir das Alter immer reizend und viel reizender als die früheren Lebensepochen gedacht, und nun, da ich dahin gelangt bin, finde ich meine Erwartungen fast übertroffen.

WILHELM VON HUMBOLDT

Das Alter ist ein natürlicher, menschlicher Zustand, dem Gott seine eigenen Gefühle geschenkt hat, die ihre eigenen Freuden in sich tragen.

WILHELM VON HUMBOLDT

Ein älterer Herr verrät einem Freund sein Geheimrezept für sein hohes Alter: »Trinken tue ich nicht, rauchen tue ich nicht und Frauen habe ich mein ganzes Leben nicht angerührt. Und schauen Sie, morgen feiere ich schon meinen neunzigsten Geburtstag.« Fragt der Freund ganz unbeeindruckt: »Und wie feierst du, wenn man mal fragen darf?«

Eine Dame bekommt zum
100. Geburtstag von der Stadt
5 000 Euro.
<u>Ein Reporter fragt sie:</u>
„Was machen Sie mit dem vielen
Geld?"
<u>Antwort der Hundertjährigen:</u>
„Das hebe ich mir für meine
alten Tage auf!"

s gibt eine Art, das Leben zu verlängern, die ganz in unserer Macht steht: früh aufstehen, zweckmäßiger Gebrauch der Zeit, Wählung der besten Mittel zum Endzweck und, wenn sie gewählt sind, muntere Ausführung.

G. C. LICHTENBERG

(ALTERS-) REKORDE !!!

Und der Australier Frank Moody sprang im Alter von 101 Jahren **mit dem Fallschirm** aus dem Flugzeug. Abenteuerlust kennt also keine (Alters-) Grenze.

Der Inder Fauja Singh brauchte für den Marathon in Toronto acht Stunden und 25 Minuten. Und das, obwohl er zu diesem Zeitpunkt bereits 100 Jahre alt war! Zu trainieren begann der Inder bereits sehr viel früher: Seinen ersten Marathon lief er im Alter von 89 Jahren.

Ältester Student aller Zeiten war ebenfalls ein Inder. Bholaram Das studierte noch mit 100 Jahren an der Guwahati-Universität im indischen Bundesstaat Assam.

Du und ich

Du und ich, wir haben ein Geheimnis.
Das Altwerden bringt einiges mit sich,
was Spaß macht.

Wir brauchen nicht mehr den Schein zu
wahren, sondern können auf kindliche
Freuden zurückgreifen:
Zusehen, wie eine Spinne ein Netz webt.
Vor einem Licht Schattenbilder an die
Wand werfen.

Statt einer Hauptmahlzeit Kompott mit
Sahne essen.
Die ganze Nacht wach bleiben.
Sterne zählen.
Trödeln.
Zu Hause bleiben und mit alten Freunden
Schach spielen.
Einen verrückten Hut tragen.

Warum hast du mir nicht verraten,
dass das Altwerden neben allem, was
ich daran hasse, auch manches Vergnügen
mit sich bringt?

Ach, ich weiß:
Weil ich es nie geglaubt hätte.

UNBEKANNTER VERFASSER

Alles wird vergehen,
außer dem Guten,
das du getan hast.

AUS FRANKREICH

Ich glaube an das Alter, lieber Freund, Arbeiten und Altwerden, das ist es, was das Leben von uns erwartet. Und dann eines Tages alt sein und noch lange nicht alles verstehen, nein, aber anfangen, aber lieben, aber ahnen, aber zusammenhängen mit Fernem und Unsagbarem, bis in die Sterne hinein.

RAINER MARIA RILKE

DIE FURCHEN SEINER STIRN ERZÄHLEN SEINE TATEN.

PIERRE CORNEILLE

> Der junge Mann kennt die Regeln. Aber der erfahrene Mann kennt die Ausnahmen.
>
> OLIVER WENDELL HOLMES SEN.

Zwei Freunde unterhalten sich:
»Deine Frau hat doch nächste Woche Geburtstag, oder? Hat sie dir schon gesagt, was sie sich wünscht?« – »Natürlich, sie möchte entweder eine Perlenkette oder ein Auto.« – »Und was schenkst du ihr?« – »Selbstverständlich die Perlenkette. Oder hast du schon mal falsche Autos gesehen?«

Ein berühmter Rechtsanwalt wurde gefragt, in welchem Augenblick ihm klar geworden sei, dass seine Jugend schwände. »An dem Tag«, erwiderte er, »als ich einer hübschen Frau zublinzelte und sie mich fragte, ob mir etwas ins Auge gekommen sei.«

Das große, offene Weltgeheimnis liegt in seiner ganzen Schönheit und Herrlichkeit vor uns im Lichte des eben gegenwärtigen Tages. Freue dich, dass du in der Welt bist und zu den Wundern mitgehörst.

WILHELM RAABE

Die Ehefrau zu ihrem Gatten:
"Zum Geburtstag wünsche ich mir von dir etwas Schönes für den Hals, die Hände oder für die Ohren." –
"Aber Liebling, sag mir bitte auch gleich, welche Seife du am liebsten magst!?"

Ein Gentleman merkt sich den **GEBURTSTAG** einer Frau, vergisst aber ihr Alter.

KURT TUCHOLSKY

Das Kind und ich, wir sind tollkühne Burschen und haben stählerne Körper. Nennen Sie irgendeine beliebige Sportart – wir betreiben sie. Neulich waren wir zum Beispiel wieder Ski fahren. Wenn wir die Piste runterwedeln, das Kind und ich, dann sperren die Frauen bewundernd die Münder auf, und ihre Männer bekommen vor Neid Hautausschläge.
Kurz vor dem Skifahren hatte ich mir den Fuß verstaucht. Das Kind sagte: »Wie willst du denn Ski fahren, wenn du nicht einmal laufen kannst?« Ich antwortete:

»Ach Kind. Ski fahren ist einfacher als laufen, aber nur für Menschen, die so überirdisch gut Ski fahren können wie dein Vater. Schau!« Dann wedelte ich auf dem guten Bein die Piste hinunter, stürzte und verstauchte mir noch den zweiten Fuß. Die Frauen machten die Münder wieder zu. Die Hautausschläge der Männer verschwanden. Das Kind sagte: »Du bist alt. Ich bin jung.«
So redet man nicht ungestraft mit den Ahnen. Am nächsten Tag stürzte das Kind in seinem Snowboard-Kurs und brach sich das rechte Handgelenk, dreifach. Wir kamen an Krücken und eingegipst nach Hause und boten einen Anblick wie General Custers Truppen nach ihrer Schlacht gegen die Indianer. Innerlich waren wir ungebrochen. Vom Äußerlichen konnte man das nicht behaupten. (…)

HARALD MARTENSTEIN

Man altert nur von 25 bis 30,
was sich bis dahin erhält, wird
sich wohl auf immer erhalten.

FRIEDRICH HEBBEL

Eine ungewöhnliche Bank

Stell dir eine Bank vor, die dir jeden Morgen 86.400 Euro auf dein Konto überweist und die jeden Abend das Geld wieder zurücknimmt, das du nicht verbraucht hast. Was würdest du mit dem Geld machen? Selbstverständlich so viel wie möglich verbrauchen!

Im Grunde hast du so eine Bank. Man nennt sie Zeit. Jeden neuen Morgen bekommst du 86.400 Sekunden, die du genau so verwenden kannst, wie du willst. Jeden Abend ist die verschwendete Zeit weg für alle Zeit. Es gibt keine Möglichkeit, einen Kredit aufzunehmen, es gibt keine Möglichkeit, Zeit für die Zukunft aufzusparen.

Verwende darum deine Zeit so klug wie möglich. Genieße den Sonnenuntergang zusammen mit einem Freund, lerne etwas Neues, hilf jemandem, der es schwer hat … Gestalte jeden Tag so, dass er erinnernswert ist.

Es ist unmöglich,
  Ihnen mein Alter zu verraten,
    da es sich ständig ändert.

ALPHONSE ALLAIS

Ein Greis sagte:
»Über das gegenwärtige Alter
tröstet nur das zukünftige.«

EMANUEL WERTHEIMER

Die wilde Hummel

Eine wilde Hummel wurde jeden Tag älter, und das gefiel ihr nicht. Sie wollte jeden Tag jünger werden. Als nun der Zauberer Zappro des Weges kam, bat die wilde Hummel diesen mächtigen Mann um ein Verjüngungskraut. Zappro schmunzelte und gab das, was die Hummel von ihm verlangte. Das dumme Tier fraß von dem Kraut und wurde nun täglich jünger – aber auch kleiner – und schließlich so klein wie die Kleinsten – und dann – allmählich – zum Ei.
»Ei! Ei!«, schrie da die Wilde, »bin ich jetzt eigentlich besser dran?«
Zappro lachte und ging weiter.
»Man soll eben«, murmelte er vergnügt, »nicht zu toll nach der Jugend sein. Die gibt uns das ewige Leben ganz bestimmt nicht.«
Die vernünftigen Hummeln umsummten Zappros Kopf und wollten sich gar nicht von ihm trennen; ein weiser Mann hat sehr viel Anziehungskraft.

PAUL SCHEERBART

Kein kluger Mensch hat jemals gewünscht,

jünger

zu sein.

JONATHAN SWIFT

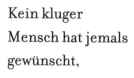

Die Zeit ist eine mächtige
Meisterin. Sie ordnet viele Dinge.

PIERRE CORNEILLE

MARK TWAIN

Als ich vierzehn war, war mein Vater so unwissend.

Ich konnte den alten Mann kaum in meiner Nähe ertragen.

Aber mit einundzwanzig war ich verblüfft, wie viel er in

sieben Jahren dazugelernt hatte.

Die Zeit verwandelt uns nicht, sie entfaltet uns nur.

MARK TWAIN

Der Geist des Salomo

Ein ehrlicher Greis ertrug jeden Tag Hitze und Mühe, um sein Feld mit eigener Hand zu pflügen und die Saat in den lockeren Schoß der Erde zu streuen. Doch eines Tages stand unter dem breiten Schatten einer Linde eine leuchtende Erscheinung vor ihm. Der Greis stutzte.

»Ich bin Salomo«, sagte die Erscheinung mit vertrauter Stimme. »Was machst du hier, Alter?«

»Wenn du Salomo bist«, erwiderte der Alte, »wie kannst du fragen? Du schicktest mich in meiner Jugend zur Ameise; ich sah, was sie tat, und lernte von ihr, fleißig zu sein und zu sammeln, und was ich da lernte, tue ich auch heute noch.«

»Du hast deine Lektion nur halb gelernt«, meinte der Geist. »Geh noch einmal zur Ameise und lerne nun auch von ihr, im Winter deiner Jahre zu ruhen und das Gesammelte zu genießen!«

UNBEKANNTER VERFASSER

Dreiundfünfzig Minuten

»Guten Tag«, sagte der kleine Prinz.
»Guten Tag«, sagte der Händler.
Er handelte mit höchst wirksamen durststillenden Pillen. Man schluckt jeden Tag eine und spürt überhaupt kein Bedürfnis mehr zu trinken.
»Warum verkaufst du das?«, sagte der kleine Prinz.
»Das ist eine große Zeitersparnis«, sagte der Händler. »Die Sachverständigen haben Berechnungen angestellt. Man erspart dreiundfünfzig Minuten in der Woche.«
»Und was machst du mit diesen dreiundfünfzig Minuten?«
»Man macht damit, was man will…«
»Wenn ich dreiundfünfzig Minuten übrig hätte«, sagte der kleine Prinz, »würde ich ganz gemächlich zu einem Brunnen laufen…«

ANTOINE DE SAINT-EXUPÉRY

ERST AM ENDE DES WEGES STEHEN DIE ANTWORTEN.

LAO TSE

Graues Haar ist eine
prächtige Krone.

SPRÜCHE SALOMOS 16,31

Das Glück

Will das Glück nach seinem Sinn
dir was Gutes schenken,
sage Dank und nimm es hin
ohne viel Bedenken.

Jede Gabe sei begrüßt,
doch vor allen Dingen:
Das, worum du dich bemühst,
möge dir gelingen.

WILHELM BUSCH

Quellen:

Antoine de Saint-Exupéry: Dreiundfünfzig Minuten, aus: ders., Der Kleine Prinz, ©1950 und 2015 Karl Rauch Verlag, Düsseldorf

Wladimir Kaminer: Langweilige Kindheit, aus: ders., Salve Papa! © 2008 Manhattan Verlag, München, in der Verlagsgruppe Random House GmbH

Harald Martenstein: Du bist alt. Ich bin jung. (red. Titel), aus: ders.: Wachsen Ananas auf Bäumen? Wie ich meinem Kind die Welt erkläre © 2012 C. Bertelsmann Verlag, München, in der Verlagsgruppe Random House GmbH

Jan Weiler: Gedanken für die Nachwelt, aus: ders., Mein neues Leben als Mensch, © 2011 Rowohlt Verlag GmbH, Hamburg

Bibliografische Information der Deutschen Bibliothek
Die Deutsche Bibliothek verzeichnet diese Publikation in der Deutschen Nationalbibliografie; detaillierte bibliografische Daten sind im Internet über http://dnb.ddb.de abrufbar.

2. Auflage 2020
© 2017 Verlag Ernst Kaufmann, Lahr
Dieses Buch ist in der vorliegenden Form in Text und Bild urheberrechtlich geschützt. Jede Verwertung ist ohne Zustimmung des Verlags Ernst Kaufmann unzulässig und strafbar. Dies gilt insbesondere für Nachdrucke, Vervielfältigungen, Übersetzungen, Mikroverfilmungen und die Einspeicherung und Verarbeitung in elektronischen Systemen.

Texte: Stefanie Proske (Hg.)
Layout & Satz: Karin Hauptmann, Katrin Kleinschrot, Marion Köster

Abbildungen:
Cover: © Kalle Kolodziej, Fotolia.com
Inhalt: Alle Fotos Shutterstock.com, S. 4 © Kolonko, S. 6 © Tatiana Gorlova, S. 8 © amirage, S. 10 © lilac, S.13 © Maria Kasanova, S. 14 © Reinekke, S. 19 © Elzbieta Sekowska, S. 20 © gillmar, S. 25 © Liliya Shlapak, S. 28 © MsDianaZ, S. 30 © Javier Brosch, S. 33 Tisch © Rashad Ashurov, S. 33 Vase © manop, S. 34 © R_lion_O, S. 36 © Xiebiyun, S. 38 Schachbrett © Master3D, S. 38 Schachfiguren © Yury Zap, S. 41 © lunalexx, S. 43 © Kukillas, S. 45 © Grisha Bruev, S. 46 © AlenKadr, S.47 © Popmarleo, S. 50 © Fona, S. 51 © Solei, S. 53 © Eisfrei, S. 55 © Margarita Sh, S. 56 © Emanuele Ravecca, S. 58 © Alex Gorka, S. 61 © Fona, S. 62 © Norwayblue, S. 63 © Supza

Printed by DZS Grafik

ISBN 978-3-7806-3188-6